Je refuse que mes traumas gâchent ma relation saine

Harmonie J.

© 2025 Harmonie J.
Édition : BoD · Books on Demand, 31 avenue Saint-Rémy,
57600 Forbach, bod@bod.fr
Impression : Libri Plureos GmbH, Friedensallee 273,
22763 Hamburg (Allemagne)
ISBN : 978-2-3224-7912-2
Dépôt légal : Mai 2025

J'ai souffert, c'est vrai. J'ai connu l'abandon, les doutes, les promesses non tenues, les silences qui déchirent plus que les cris. Mon cœur a appris à se méfier, à anticiper les tempêtes même sous un ciel bleu. J'ai appris à surcompenser, à chercher des signes là où il n'y en avait pas, à saboter avant d'être quittée, juste au cas où.

Mais aujourd'hui, quelque chose a changé : je suis dans une relation saine. Il n'y a pas de manipulation, pas de peur constante, pas de guerre d'ego. Juste une personne qui m'aime, avec ses imperfections, mais dans le respect et la bienveillance.

Et c'est là que mes traumas tentent de refaire surface. Ils chuchotent : "Tu n'es pas assez", "Il va partir", "Prépare-toi à souffrir". Mais je les regarde en face et je leur dis : Non.

Je refuse que mon passé vienne pourrir ce que j'ai de beau aujourd'hui. Je refuse d'attaquer l'amour avec des armes forgées dans d'anciennes batailles. Je choisis de désamorcer les automatismes, de respirer quand je panique, de parler plutôt que d'interpréter.

Mon partenaire n'est pas mon ex. Mon présent ne mérite pas d'être vu à travers le prisme du passé. Je ne peux pas contrôler mes blessures, mais je peux choisir de ne pas leur donner le pouvoir de tout détruire. C'est un travail, chaque jour. Un choix conscient d'aimer mieux, avec plus de douceur, et surtout, avec plus de conscience.

Parce que je le mérite. Parce que nous le méritons.

Je refuse que mes traumas gâchent ma relation saine

Il fut un temps où l'amour rimait avec tension. Où l'attente d'un message devenait une épreuve, où le silence pesait comme une punition. J'ai appris à douter de l'évidence, à chercher la faille, à me préparer à l'abandon comme on prépare une valise qu'on sait devoir refermer un jour.

Mes traumas ont laissé des empreintes : sur ma façon d'aimer, de répondre, de me protéger. J'ai aimé à moitié, par peur de perdre tout. J'ai aimé trop, pour compenser un vide intérieur. Mais aujourd'hui, il n'y a plus de guerre à mener. Je suis dans une relation qui ne me bouscule pas, qui ne joue pas avec mes insécurités. Une relation saine. Stable. Rassurante.

Et pourtant, parfois, mon corps réagit comme si j'étais encore en terrain miné. Mon esprit cherche l'alerte, anticipe un danger qui n'existe pas. Les vieilles blessures tentent de reprendre le pouvoir, de me convaincre que cet amour-là aussi finira mal. Mais cette fois, je dis non.

Non, je ne laisserai pas mes traumas écrire le scénario d'une histoire qui mérite la paix.
Non, je ne saboterai pas ce que j'ai construit, juste parce que j'ai été détruite avant.
Non, je ne punirai pas l'amour sain pour les erreurs d'un passé toxique.

Je choisis de regarder le présent avec des yeux neufs. D'apprendre à recevoir sans méfiance. À exprimer, plutôt que fuir. À faire confiance, même si cela tremble encore. Parce que guérir, ce n'est pas ne plus avoir mal. C'est agir autrement, malgré la douleur.

Je ne suis pas mes peurs. Je suis celle qui choisit aujourd'hui de ne plus les laisser décider.

Et c'est là que commence la vraie liberté.

Apprendre à aimer sans armure

Aimer après les blessures, c'est comme réapprendre à marcher sur une jambe qu'on croyait perdue. On avance avec prudence, avec des gestes encore incertains, des réflexes de défense. Mais pas à pas, on comprend : tout l'amour n'est pas danger. Toute proximité n'est pas une menace. Toute douceur n'est pas un piège.

Je me rends compte que mes protections d'hier sont devenues mes obstacles d'aujourd'hui. Cette vigilance constante, cette peur de déranger, ce besoin de contrôler l'incontrôlable... Ce n'est plus nécessaire. Pas ici. Pas avec lui.

Alors j'apprends à poser les armes. À ne pas répondre à l'amour par la méfiance. À ne pas repousser ce qui me fait du bien, sous prétexte que je n'y suis pas habituée. Il n'est pas mon ennemi. Je ne suis plus en guerre. Je n'ai plus besoin de survivre. Je peux enfin vivre.

Et dans ce lâcher-prise, quelque chose de nouveau émerge : la tendresse. La vraie. Celle qui ne demande pas à être testée ou méritée. Celle qui existe, tout simplement, et qui ne disparaît pas à la moindre faille. J'apprends que l'amour sain ne m'écrase pas, ne m'efface pas. Il me révèle.

Alors oui, parfois je tremble encore. Mais je choisis de rester. De parler. De rester présente dans le lien, même quand mes anciennes peurs hurlent "fuis". Parce que je veux être fidèle à celle que je suis en train de devenir : une femme libre, entière, capable d'aimer sans armure et sans chaînes.

Choisir l'amour conscient

Il y a une chose que mes blessures m'ont apprise : on ne guérit pas en s'isolant. On guérit en osant rester, même quand l'envie de fuir revient comme un réflexe. On guérit quand on choisit, non pas l'amour parfait, mais l'amour vrai. L'amour conscient.

Aimer consciemment, c'est refuser d'être en pilotage automatique. C'est repérer la peur qui monte... et lui parler. C'est entendre la petite voix qui dit « tu vas encore souffrir »... et lui répondre : « Peut-être. Mais cette fois, je resterai présente. »

C'est accepter qu'un lien sain n'efface pas les douleurs du passé, mais qu'il peut devenir un terreau pour grandir, guérir et aimer autrement. C'est comprendre que ce n'est pas parce que je suis aimée aujourd'hui que mes blessures disparaissent... mais que je peux les porter autrement. Plus doucement. Avec tendresse.

L'amour sain, ce n'est pas l'absence de conflits, ni la promesse que tout ira bien. C'est un espace où je peux exister sans peur, dire sans être jugée, trembler sans être abandonnée. Un espace où l'on choisit chaque jour de bâtir plutôt que fuir.

Et moi aussi, je fais ce choix. Je choisis de rester dans cette relation, non pas parce qu'elle est parfaite, mais parce que moi, je suis prête à aimer mieux. Sans me trahir. Sans accuser. Sans anticiper la fin.

J'ai longtemps vécu dans la survie émotionnelle. Aujourd'hui, je choisis la présence. L'écoute. La tendresse. L'amour conscient.

Et dans ce choix quotidien, je retrouve ce que je croyais perdu : la paix intérieure. L'amour vrai. Et surtout, moi.

Faire de la place au présent

Ce que j'ai longtemps confondu avec l'intuition, c'était parfois juste la peur. Ce frisson qui me disait « attention », ce n'était pas toujours un signe du cœur, mais une alarme déclenchée par des souvenirs qui n'ont plus lieu d'être. Et il m'a fallu du temps pour comprendre que ressentir n'est pas toujours savoir. Que mes blessures parlaient fort, mais pas toujours juste.

Aujourd'hui, je m'exerce à faire de la place. À ne plus projeter hier sur aujourd'hui. À ne plus chercher, dans les yeux de l'autre, les fantômes de ceux qui m'ont blessée. Je ne veux plus que mes réactions soient dictées par la méfiance, ni que mes silences soient une punition déguisée.

J'apprends à répondre à l'amour avec présence. Pas avec panique, ni retrait. Juste avec moi. Entière. Fragile parfois, oui, mais

CONSCIENTE. DISPONIBLE. ANCRÉE DANS CE QUI EST, ET NON DANS CE QUE JE REDOUTE.

IL ME FAUT DE LA PATIENCE. DE LA DOUCEUR AUSSI. POUR MOI D'ABORD. PARCE QUE CE TRAVAIL, CE CHEMIN DE RECONSTRUCTION, N'EST PAS UN ACTE D'AMOUR ENVERS L'AUTRE UNIQUEMENT. C'EST D'ABORD UN ACTE DE LOYAUTÉ ENVERS MOI-MÊME.

JE MÉRITE DE VIVRE UNE HISTOIRE QUI NE RESSEMBLE PAS AUX PRÉCÉDENTES. ET POUR CELA, JE DOIS ÊTRE CAPABLE DE NE PAS LA TRAITER COMME SI ELLE ÉTAIT VOUÉE À L'ÉCHEC. IL NE S'AGIT PAS D'OUBLIER LE PASSÉ, MAIS DE NE PLUS LE LAISSER GOUVERNER LE PRÉSENT.

C'EST AINSI QUE JE GUÉRIS : UN GESTE À LA FOIS. UNE PAROLE DITE AU LIEU D'ÊTRE RETENUE. UNE PEUR NOMMÉE AU LIEU D'ÊTRE CACHÉE. UNE MAIN TENDUE AU LIEU D'UN REPLI.

ET DOUCEMENT, JE BÂTIS. NON PLUS UN CHÂTEAU FORT... MAIS UN REFUGE. SOLIDE, DOUX. HUMAIN.

Quand l'amour devient un terrain d'accueil

Je réalise peu à peu que l'amour n'est pas censé être une épreuve à surmonter, mais un lieu où l'on peut enfin poser ses bagages. Un endroit sûr, pas parfait, mais stable. Où les blessures peuvent exister sans gouverner. Où la peur peut se dire sans effrayer. Où l'on n'est pas obligé de se cacher derrière des masques ou des mécanismes de défense.

C'est étrange, parfois. Ce calme. Cette simplicité. Je n'y étais pas préparée. Mon corps, conditionné par les montagnes russes affectives, cherche encore l'adrénaline. Mais ici, il n'y a pas de chaos. Pas de manipulation. Juste un rythme doux, stable, humain.

Et ça me demande un réapprentissage. Apprendre à faire confiance à ce calme, à ne pas le confondre avec l'ennui ou le manque d'intensité. Apprendre à vivre sans avoir à se battre pour chaque marque d'attention. Apprendre que la régularité est aussi une forme de passion. Que l'amour, le vrai, ne rugit pas toujours : il écoute, il soutient, il reste.

Ce n'est pas dans le drame que je me sens vivante désormais. C'est dans l'authenticité, dans le quotidien partagé, dans les gestes simples qui me disent : tu peux te détendre ici. Je n'ai plus besoin de jouer à la femme forte qui n'a besoin de rien. Je peux être vulnérable, sans être rejetée. Je peux dire : j'ai peur... et être accueillie.

C'est ça, la magie d'une relation saine : elle devient un espace où l'on peut respirer. Grandir. Et surtout, aimer, non pas pour combler un vide, mais pour partager une abondance.

Et dans ce nouveau souffle, je me retrouve entière, debout, aimée. Non pas malgré mes blessures, mais avec elles. Parce que j'ai cessé de les fuir. Parce que j'ai enfin décidé de les regarder avec compassion, et de les honorer, sans leur laisser la place de tout diriger.

Me choisir, même dans l'amour

Ce que j'apprends, lentement mais sûrement, c'est que s'aimer soi-même ne s'arrête pas quand on entre dans une relation. Au contraire. C'est là que tout commence vraiment. Parce qu'aimer l'autre sans se perdre devient un engagement quotidien. Une danse fine entre ouverture et respect de ses propres limites.

Il fut un temps où j'aurais tout donné, jusqu'à l'épuisement. Où je confondais l'amour avec le sacrifice. Où je croyais qu'il fallait toujours être disponible, toujours compréhensive, toujours parfaite... pour mériter d'être gardée.

Aujourd'hui, j'apprends à me choisir, même dans l'amour. À dire non sans culpabilité. À poser mes besoins sur la table, sans craindre qu'ils soient "trop". À affirmer que mon bien-être n'est pas négociable. Pas par orgueil, mais par responsabilité envers moi-même.

Et tu sais quoi ? Un amour sain n'en souffre pas. Au contraire, il s'en réjouit. Parce qu'il ne veut pas m'éteindre. Il veut me voir entière. Il veut m'accompagner dans ma lumière, pas me réduire pour mieux me garder.

Il me reste encore des réflexes d'avant. Des moments où je me demande si je dérange, si je mérite, si je prends trop de place. Mais j'essaie de ne plus m'excuser d'exister. Je ne veux plus m'effacer pour qu'on m'aime. Je veux être aimée comme je suis, et non malgré qui je suis.

Et plus je m'autorise à me choisir, plus je découvre que l'amour vrai ne s'éloigne pas. Il reste. Il ajuste. Il apprend avec moi.

C'est ça, l'amour que je veux. Celui que je construis. Celui qui ne demande pas que je m'oublie, mais qui me rappelle chaque jour que je suis assez.

Guérir en aimant autrement

Je croyais que pour guérir, il fallait être seule. Qu'il fallait s'isoler, panser ses plaies dans le silence, devenir forte avant d'oser aimer à nouveau. Mais je découvre autre chose, quelque chose de plus doux : on peut aussi guérir dans l'amour. Quand il est sain. Quand il est patient. Quand il ne ressemble pas à ce qui nous a blessé.

Je guéris à travers les regards qui ne jugent pas. À travers les gestes répétés, simples, mais vrais. À travers les silences qui ne font pas peur. Je guéris parce qu'il ne fuit pas quand je tremble. Parce qu'il reste quand je doute. Parce qu'il ne me demande pas d'être autre chose que moi.

J'apprends à ne plus m'attendre au pire. À ne plus chercher des signes de danger dans chaque recoin. À ne plus scruter chaque mot, chaque regard, chaque silence comme une menace.

J'apprends à faire confiance, même si c'est encore fragile. Et cette fragilité, je ne la cache plus. Je l'offre. Parce qu'elle est humaine. Parce qu'elle me rend vraie.

Il ne m'appartient pas de porter seule le poids du passé. Ce n'est plus mon rôle de réparer ce que d'autres ont cassé. Mais c'est ma responsabilité, aujourd'hui, de ne plus laisser ce passé saboter un présent sincère. De ne plus projeter mes blessures sur un amour qui ne les a pas causées.

Je ne veux plus aimer en me défendant. Je veux aimer en accueillant. En écoutant. En construisant.

Et si aimer autrement est une forme de guérison, alors oui : j'avance. Pas à pas. Avec moi. Avec lui. Avec ce nouveau chapitre que j'écris, chaque jour, non plus avec mes peurs... mais avec mon cœur.

Ce que je ne veux plus, ce que je choisis maintenant

Je ne veux plus me débattre dans une histoire pour qu'on m'y garde. Je ne veux plus interpréter chaque silence comme une menace, ni chaque désaccord comme une fin. Je ne veux plus supplier d'être rassurée, ni mendier une place.

Je ne veux plus vivre dans l'attente qu'on me prouve que je suis aimable. Ce n'est plus un combat. Ce n'est plus un test. Ce n'est plus une quête.

Ce que je veux maintenant, c'est la clarté. La sincérité. La tendresse simple d'un amour qui ne joue pas à cache-cache. Je veux des mots qui réparent, pas des silences qui punissent. Je veux un amour qui regarde en face, pas un amour qui fuit dès que ça devient profond.

Je choisis d'aimer sans abandonner qui je suis. De rester ouverte, mais pas exposée. De faire confiance, mais plus à l'aveugle. D'être présente, sans être en alerte. D'accueillir l'amour, sans y voir une menace.

Je choisis la paix. Celle qui n'a pas besoin de drame pour se sentir vivante. Celle qui s'écrit dans les regards honnêtes, les gestes réguliers, les efforts réciproques.

Je choisis un amour qui me fait grandir, pas rétrécir. Qui m'élève, pas qui m'épuise. Qui m'offre un miroir bienveillant, pas un champ de bataille.

Et surtout, je me choisis. Dans toutes mes versions. Dans mes jours solides et mes jours fragiles. Dans mes élans et mes doutes. Parce que désormais, je sais : ce n'est pas l'amour qui me sauvera. C'est la façon dont je choisis d'aimer, et de me laisser aimer.

Aimer sans avoir peur d'être quittée

Il y a eu un temps où chaque bonheur me faisait peur. Comme si aimer était une parenthèse vouée à se refermer. Je guettais le moment où tout s'effondrerait. Où l'autre changerait. Où moi, je serais "trop", ou "pas assez". C'était épuisant de vivre avec cette peur d'être quittée accrochée au cœur.

Mais aujourd'hui, je commence à comprendre que l'amour véritable ne tient pas dans le contrôle, ni dans la prévoyance de tous les scénarios catastrophes. Il tient dans la confiance. Et la confiance ne garantit rien, elle libère.

Je ne veux plus aimer à moitié, pour me protéger. Je ne veux plus retenir mes élans ou rétrécir mes rêves par peur d'être seule. Je veux aimer librement, sans m'oublier, sans supplier, sans m'accrocher à ce qui me blesse. Aimer en sachant que même si l'histoire devait s'arrêter, je ne me perdrais plus jamais en chemin.

Je mérite un amour qui ne me fait pas douter de ma valeur. Et je mérite aussi de croire que je peux le vivre, sans me condamner à répéter les schémas d'hier.

Je ne veux plus porter la peur comme un talisman. Je veux marcher avec la confiance comme boussole. Et s'il y a un jour une fin, elle ne sera plus une déchirure qui me défait, mais un tournant que j'aborderai debout, digne, entière.

Parce que je ne vis plus dans la peur d'être abandonnée.

Je vis dans la lumière de ce que je choisis, jour après jour : l'amour vrai, la douceur envers moi-même, et la paix d'aimer sans m'effacer.

Laisser tomber l'armure

Je l'ai portée si longtemps, cette armure. Faite de méfiance, de sarcasme, de distance bien dosée. Faite de silences qu'on croit fiers, mais qui cachent la peur d'être trop. Trop sensible. Trop intense. Trop vraie.

Je l'ai enfilée après chaque chute, chaque abandon, chaque mot dur. Elle me donnait l'illusion d'être forte, intouchable. Mais en vérité, elle m'éloignait. De moi. Des autres. De l'amour aussi.

Aujourd'hui, dans cette relation douce et sincère, je sens que l'armure est de trop. Elle pèse. Elle gratte. Elle me coupe de ce que je veux vraiment : la proximité, la chaleur, la tendresse.

Alors je la laisse tomber. Pas d'un coup, non. Par petites ouvertures. Un regard tenu un peu plus longtemps. Un « j'ai peur

» lâché du bout des lèvres. Un « je t'aime » dit sans calcul. Une larme qu'on ne cache pas. Un besoin formulé, sans honte.

Ce n'est pas simple. Parfois, je la ramasse. Par réflexe. Je redeviens distante, un peu froide. Mais j'apprends à la reposer, encore et encore.

Parce que l'amour vrai ne demande pas qu'on soit blindée. Il demande qu'on soit là. Présente. Authentique. Même tremblante. Même fragile.

Et tu sais quoi ? C'est dans ces moments-là, sans armure, que je me sens le plus vivante. Parce que je ne survis plus. J'aime. Je ressens. Je reçois.

Et je découvre que, sans cette carapace, je suis peut-être plus forte encore. Parce que j'ai enfin compris : ma vulnérabilité n'est pas une faille. C'est ma plus belle vérité.

Quand l'amour devient un choix, pas une peur

Il y a une sérénité nouvelle qui s'installe. Pas bruyante. Pas éclatante. Juste là, comme un souffle qui ne s'épuise pas. J'ai cessé de voir l'amour comme une urgence, un manque à combler, une douleur à apaiser. Je le regarde désormais comme un choix. Un oui renouvelé. Une intention consciente.

Je choisis d'aimer, non pas parce que j'ai besoin qu'on m'aime en retour pour me sentir exister, mais parce que j'ai envie de partager ce que je suis. Non pas pour prouver ma valeur, mais pour la vivre pleinement, en lien.

Je ne veux plus me battre pour être aimée. L'amour n'est pas une guerre à gagner. C'est un espace à cultiver. Je n'ai plus envie de vivre dans l'angoisse de tout perdre à chaque instant. Parce que ce que je construis maintenant est fondé sur la confiance, pas sur la peur.

Je choisis d'aimer sans me trahir. Sans me réduire. Sans me taire. Et je choisis aussi de me retirer de ce qui me fait douter de ma lumière. Je choisis la clarté plutôt que le flou, la douceur plutôt que l'attente, l'authenticité plutôt que la performance.

Et dans ce choix, il y a une puissance tranquille. Celle de savoir que je suis libre. Que je n'ai pas à supplier pour être gardée. Que l'amour, le vrai, se vit dans la réciprocité, la présence, et non dans les excuses perpétuelles.

Je n'ai plus peur d'aimer, parce que je ne me perds plus. J'avance, le cœur ouvert, les pieds ancrés, et cette certitude au fond de moi : quoi qu'il arrive, je suis déjà complète.

Ce que je mérite, enfin

Je crois qu'il m'a fallu du temps pour le comprendre. Pour que ça descende, vraiment. Ce que je mérite.

Je mérite un amour qui ne me fait pas douter à chaque instant. Un amour qui ne joue pas à se cacher pour créer du manque. Un amour qui ne se nourrit pas de mes insécurités, mais qui me regarde en face, même les jours où je suis en morceaux.

Je mérite un amour où je n'ai pas besoin de me justifier d'exister. Où je ne suis pas « trop », où mes émotions ne sont pas une menace, où mes besoins ne sont pas un fardeau. Je mérite un amour mature, construit, choisi. Pas un amour de hasard, pas un amour qui s'effondre dès qu'il pleut.

Je mérite qu'on m'aime sans conditions déguisées. Qu'on reste, même quand c'est inconfortable. Qu'on parle, même quand c'est

FRAGILE. QU'ON ME DISE : « JE SUIS LÀ, PAS POUR FUIR, MAIS POUR BÂTIR AVEC TOI. »

ET JE MÉRITE DE ME L'OFFRIR AUSSI, CET AMOUR. D'ARRÊTER DE ME RABAISSER, DE ME JUGER, DE M'ABANDONNER AU NOM DE LA PEUR D'ÊTRE SEULE. DE CESSER DE CROIRE QUE JE DOIS TOUT DONNER POUR MÉRITER UN PEU.

JE MÉRITE LA TENDRESSE, L'ATTENTION, LA CONSTANCE. JE MÉRITE QU'ON ME CHOISISSE, PAS PAR DÉFAUT, MAIS AVEC CONVICTION. ET SURTOUT, JE MÉRITE DE NE PLUS AVOIR À ME BATTRE POUR QUE L'AMOUR ME TRAITE BIEN.

PARCE QUE MAINTENANT, JE SAIS : L'AMOUR NE DEVRAIT JAMAIS RESSEMBLER À UNE ÉPREUVE. IL DEVRAIT RESSEMBLER À UNE MAISON. À UN ENDROIT OÙ L'ON RESPIRE MIEUX. OÙ L'ON PEUT ENFIN POSER SES BAGAGES. ET DIRE : « JE SUIS CHEZ MOI. »

La liberté d'aimer en paix

Je comprends, enfin, que l'amour véritable n'a rien à voir avec la dépendance ou la peur. L'amour véritable est un acte de liberté, une danse entre deux âmes qui choisissent de se nourrir l'une de l'autre, sans jamais chercher à posséder.

Il est la paix dans la tempête, le refuge dans les moments de doute, l'ancrage quand tout autour semble incertain. Il ne demande ni sacrifices, ni conditions. Il est une décision de vivre pleinement ensemble, en respectant l'intégrité de chacun.

Aujourd'hui, je peux aimer en toute liberté, sans crainte d'être abandonnée, sans crainte de m'effacer. Je peux offrir mon amour sans attendre de l'autre qu'il me sauve, mais en sachant que nous choisissons ensemble d'avancer main dans la main, dans la complicité et la réciprocité.

Et c'est dans cette liberté-là que je trouve la plus grande force. Car aimer en paix, c'est comprendre que l'amour n'a pas besoin de drame pour être réel. Il est là, dans la simplicité de chaque geste, dans les petites attentions, dans le respect des espaces personnels de l'un et de l'autre.

Je peux désormais aimer sans crainte de m'effondrer si l'autre choisit de partir. Parce que l'amour que je porte pour lui est libre, sans condition. Il ne m'écrase pas, ne me consume pas, mais il m'élève. Et cela, je peux l'offrir, sans perdre ma propre lumière.

Réconcilier les cicatrices et l'amour

J'ai appris que mes cicatrices ne sont pas des fardeaux. Elles ne sont pas des signes de faiblesse. Elles racontent une histoire, celle d'un voyage, d'une évolution. Elles témoignent de la douleur traversée et surmontée. Elles sont le marqueur de ce que j'ai vécu, et ce que je suis devenue. Et dans ce chemin de guérison, je me permets enfin d'accepter que ces blessures ne me définissent pas. Elles ne sont qu'une partie de moi.

Aujourd'hui, j'embrasse mes cicatrices comme des preuves de ma force. Elles ne sont pas un obstacle à l'amour, mais un chemin qui m'a conduite à la vérité. Elles m'ont enseigné que je ne suis pas parfaite, mais que j'ai de la valeur. Que je mérite d'être aimée pour tout ce que je suis, dans ma beauté et dans mes failles.

L'amour, le véritable amour, ne demande pas la perfection. Il accueille les imperfections, les épreuves, et transforme la douleur

EN BEAUTÉ. IL SAIT QUE CHAQUE SCARIFICATION PORTE EN ELLE UNE LEÇON PRÉCIEUSE. ET DANS CET AMOUR, JE TROUVE LA PAIX D'ÊTRE PLEINEMENT MOI, SANS CRAINTE D'ÊTRE REJETÉE POUR MES FAIBLESSES. AU CONTRAIRE, CE SONT CES FAIBLESSES QUI M'ANCRENT DANS MA VÉRITÉ.

JE NE SUIS PLUS EN GUERRE CONTRE MES TRAUMAS. JE NE SUIS PLUS EN GUERRE CONTRE MON PASSÉ. JE SUIS EN RÉCONCILIATION. AVEC MES ERREURS, MES CHUTES, MES PEURS. ET L'AMOUR QUE JE PORTE MAINTENANT NE CHERCHE PAS À EFFACER CES TRACES, MAIS À LES COMPRENDRE, À LES HONORER, ET À AVANCER AVEC ELLES.

L'amour, un choix quotidien

L'amour, aujourd'hui, je le vois comme un choix. Un choix constant, renouvelé chaque jour, dans les petites actions et dans les gestes simples. Ce n'est pas un destin. Ce n'est pas une promesse vide. C'est un engagement à être là, à prendre soin de l'autre, à grandir ensemble, même au cœur des difficultés.

Et ce choix n'a rien d'obligatoire. Il est libre. C'est la beauté de l'amour véritable : il n'est jamais forcé. Il se construit patiemment, au fil des jours, dans la compréhension mutuelle et l'acceptation de l'autre dans sa totalité, sans chercher à changer ou à contrôler.

Je choisis de croire que l'amour peut exister sans manipulation, sans chantage émotionnel. Je choisis d'aimer de manière saine, sans jouer à l'équilibriste entre la dépendance et l'indifférence.

Je choisis d'aimer avec confiance, en m'offrant à l'autre sans me perdre.

Je choisis aussi d'accepter que, même dans les moments de doute, l'amour reste un choix. Il est là, solide comme une ancre, mais il est toujours une décision. Et chaque jour, je décide d'être présente, de nourrir cette relation avec patience, compréhension et générosité.

Cet amour, que je choisis, me libère. Il me permet de me retrouver, d'être moi-même sans peur de l'autre, et sans avoir besoin de le sauver ou de le changer. Nous sommes ensemble, deux êtres indépendants, mais unis par la volonté de grandir côte à côte.

Je ne suis plus celle qui attend d'être aimée

Pendant longtemps, j'ai attendu. Attendu qu'on me choisisse. Qu'on me voie. Qu'on m'aime assez pour guérir ce que je ne comprenais pas encore en moi. J'ai attendu, espéré, tendu la main vers des amours absents, croyant que s'ils revenaient, je me sentirais enfin entière.

Mais aujourd'hui, je ne suis plus celle qui attend d'être aimée pour se sentir légitime. Je suis celle qui s'aime assez pour ne plus mendier l'amour. Celle qui n'accepte plus les miettes sous prétexte qu'elle a connu la famine émotionnelle. Celle qui sait que sa présence est précieuse, et que l'amour partagé doit être un échange, pas une dette.

Je ne suis plus dans l'attente passive. Je suis dans le mouvement conscient. Dans le choix de bâtir une relation où je peux respirer, dire, demander, donner... sans peur. Une relation où je ne suis

PAS MISE À L'ÉPREUVE POUR PROUVER MA VALEUR, MAIS ACCUEILLIE TELLE QUE JE SUIS, AVEC MES SAISONS, MES SILENCES, MES SOLEILS.

JE NE SUIS PLUS DANS LA SURVIE AFFECTIVE. JE SUIS DANS L'AMOUR LUCIDE. ET CELA CHANGE TOUT. PARCE QUE JE NE RESTE PLUS DANS CE QUI ME BLESSE. JE N'IDÉALISE PLUS LES ABSENTS. JE NE CONFONDS PLUS INTENSITÉ TOXIQUE ET AMOUR RÉEL. JE NE ME PERDS PLUS DANS LES ILLUSIONS.

AUJOURD'HUI, J'AVANCE EN MOI, AVEC MOI, ET AUX CÔTÉS DE QUELQU'UN QUI NE CHERCHE PAS À ME RÉPARER MAIS À M'ACCOMPAGNER. PARCE QUE JE ME SUIS DÉJÀ CHOISIE. ET QUE L'AMOUR QUE JE CONSTRUIS NE COMMENCE PLUS PAR « S'IL ME VOIT », MAIS PAR « JE ME VOIS ».

Aimer sans se trahir

Je n'ai plus envie de m'excuser d'être celle que je suis quand j'aime. D'avoir besoin de clarté. De vouloir des mots vrais, des gestes cohérents. D'avoir parfois peur, parfois mal, parfois besoin d'être rassurée. Ce n'est pas une faiblesse. C'est humain. C'est sensible. Et aujourd'hui, je sais que l'amour peut contenir ça sans vaciller.

Je n'ai plus envie de me tordre pour rentrer dans une version de moi plus simple à aimer. Je n'ai plus envie de taire mes ressentis pour maintenir une paix qui m'abandonne à moi-même. Je n'ai plus envie de me trahir sous prétexte que « c'est mieux comme ça ». Ce n'est pas mieux si je me perds. Ce n'est pas mieux si je disparais.

L'amour, s'il est sain, n'a pas peur de mes vérités. Il ne fuit pas quand j'ouvre mon cœur. Il ne me renvoie pas l'image d'une

Femme « trop » ou « pas assez ». Il reste. Il écoute. Il apprend. Il ajuste. Et il m'invite, moi aussi, à rester, à écouter, à apprendre.

Aimer sans me trahir, c'est dire ce que je ressens, même si ma voix tremble. C'est poser mes limites sans croire que je vais être quittée. C'est ne plus faire taire mon intuition. C'est reconnaître mes besoins sans honte. C'est savoir que je peux être aimée, même avec mes cicatrices, mes peurs, mes contradictions.

Et c'est ce que je choisis maintenant. Chaque jour. De ne plus me faire violence pour être aimée. Mais de m'aimer assez pour ne plus me faire violence du tout.

Je ne m'excuserai plus d'être entière

Il fut un temps où je m'excusais presque d'exister. D'être trop émotive, trop intense, trop présente, trop exigeante… trop vivante, en somme. J'arrondissais les angles de mon cœur pour ne pas déranger. Je masquais mes blessures pour ne pas faire fuir. Je réduisais mes besoins à des murmures pour rester aimée.

Mais aujourd'hui, je refuse de me faire petite pour apaiser les insécurités de ceux qui ne savent pas accueillir la profondeur.

Je suis entière. Et je le resterai.

Je ne suis pas une moitié à compléter. Je ne suis pas une version édulcorée de l'amour. Je suis cette femme qui ressent fort, qui pense loin, qui aime avec tout ce qu'elle est. Je suis cette femme qui a connu le vide, la chute, la confusion… et qui s'est relevée sans y laisser son âme.

Je ne m'excuserai plus d'être entière. D'avoir des envies claires. D'attendre la réciprocité. De refuser les demi-mots, les demi-gestes, les demi-amours. Je ne suis pas faite pour les relations tièdes. Je suis faite pour les liens vrais, solides, choisis.

Aimer sainement, ce n'est pas faire semblant d'être moins. C'est se tenir droite, vulnérable et vraie, et dire : « Voilà qui je suis. Est-ce que tu restes ? » Et si la réponse est non, je saurai me dire oui.

Parce que mon entièreté est mon socle. Et que je n'ai plus peur de la solitude quand je suis fidèle à moi-même.

Je mérite l'amour doux

J'ai trop longtemps cru que l'amour devait être dur pour être vrai. Que les larmes prouvaient l'attachement. Que l'instabilité témoignait de la passion. Que la peur de perdre était un signe de lien. Je me suis trompée. On m'a appris à confondre les montagnes russes avec les battements sincères du cœur.

Mais aujourd'hui, je réapprends. Je réapprends la tendresse. Le calme. La stabilité qui ne rime pas avec l'ennui, mais avec la sécurité. Je réapprends que l'amour doux est celui qui tient. Celui qui ne blesse pas. Celui qui ne me met pas en mode survie.

L'amour doux ne crie pas pour exister. Il ne joue pas à disparaître pour se faire désirer. Il ne laisse pas de traces sur la peau ou des bleus dans la tête. Il ne manipule pas, il ne teste pas, il ne divise pas. Il apaise. Il relie. Il construit.

Et j'y ai droit. Même si j'ai connu l'amour-chaos. Même si mes anciens repères me tirent encore parfois vers le feu. Même si j'ai douté, souvent, d'en être digne. Aujourd'hui, je peux me dire que si, j'ai le droit d'être aimée sans confusion, sans bataille, sans peur.

Je mérite un amour où je n'ai pas à me battre pour exister. Où je n'ai pas à me justifier d'avoir besoin de réconfort. Où l'on prend soin de moi comme je prends soin de l'autre. Un amour qui ne fait pas mal. Un amour qui guérit.

Et maintenant, je le choisis. En moi, d'abord. Puis dans ce que j'autorise à entrer dans ma vie.

Je ne confonds plus l'intensité avec l'amour

Avant, je pensais qu'aimer, c'était trembler. Que plus c'était fort, plus c'était vrai. Je prenais l'anxiété pour de l'attachement, le manque pour de la passion, la jalousie pour une preuve d'amour. Je confondais la tension avec le lien. Le silence soudain avec la profondeur. Les retours imprévisibles avec des retrouvailles magiques.

Mais cette intensité, en vérité, n'était qu'un écho de mes blessures. Une projection de mes manques. Elle me mettait dans un état d'alerte permanent, me faisait croire que l'amour devait brûler, au lieu d'éclairer.

Aujourd'hui, j'apprends à reconnaître ce qui est sain, même si c'est nouveau pour moi. Même si au début, ça me paraît « trop calme », presque étrange. Car le calme, justement, est ce que je n'ai pas connu. La sécurité émotionnelle, l'authenticité, la

RÉGULARITÉ... TOUT CELA ME PARAÎT PRESQUE SUSPECT, TANT J'AI ÉTÉ HABITUÉE À L'INVERSE.

MAIS JE CHOISIS DE RESTER. DE NE PAS SABOTER. DE NE PAS FUIR SOUS PRÉTEXTE QUE C'EST DOUX.

PARCE QUE CE QUI EST DOUX PEUT ÊTRE SOLIDE. CE QUI EST SIMPLE PEUT ÊTRE PROFOND. CE QUI EST STABLE PEUT ÊTRE PASSIONNÉ. ET CE QUI EST BON POUR MOI NE ME METTRA PAS EN ÉTAT D'ALERTE, MAIS EN ÉTAT DE PAIX.

JE NE VEUX PLUS COURIR APRÈS LES PREUVES. JE NE VEUX PLUS VIVRE DANS L'ATTENTE. JE VEUX CONSTRUIRE DANS LE PRÉSENT. AVEC QUELQU'UN QUI NE M'ÉTEINT PAS, QUI NE ME TESTE PAS, QUI NE JOUE PAS.

JE NE CONFONDS PLUS L'INTENSITÉ AVEC L'AMOUR. PARCE QUE L'AMOUR VRAI N'A RIEN À PROUVER : IL SE VIT.

Je fais la paix avec mon passé, pour aimer dans le présent

Mon passé ne s'efface pas. Il m'habite, parfois encore. Il chuchote à mes oreilles quand tout va bien : « Et si ça recommençait ? », « Et s'il mentait comme les autres ? », « Et si tu t'étais encore trompée ? »
Mais je n'ai plus envie de le laisser piloter ma vie. Je ne veux plus qu'il décide à ma place de comment j'aime, de comment je me protège, de comment je me ferme ou me tends.

Je ne renie pas ce que j'ai vécu. Je l'accueille. Mais je le replace à sa juste place : derrière moi.

Je choisis de ne plus faire payer à l'autre les fautes des absents. Je choisis de ne plus voir dans chaque geste tendre une stratégie, dans chaque absence un abandon, dans chaque désaccord une rupture. Je fais la paix. Pas pour oublier. Mais pour ne plus m'abîmer.

Faire la paix avec mon passé, c'est reconnaître que je n'étais pas en faute. Que j'ai fait de mon mieux avec ce que je savais alors. Que mes blessures méritaient mieux que le silence et la honte. Que je ne suis pas trop fragile, ni trop compliquée. Juste humaine.

Je veux aimer ici, maintenant, avec tout ce que je suis devenue. Avec tout ce que j'ai compris, guéri, transformé. Je ne suis plus la femme d'avant. Et je ne veux plus vivre selon ses peurs.

Je suis prête à aimer autrement. Et cela commence par me rappeler, chaque jour, que je ne suis plus cette version blessée qui croyait que l'amour faisait mal.

Je choisis de rester ouverte, même si j'ai été blessée

La tentation de fermer mon cœur est grande, parfois. Quand une vieille peur remonte. Quand un mot inattendu appuie sur une cicatrice. Quand une situation me rappelle un moment douloureux d'avant. Mon instinct voudrait alors ériger des murs, me faire taire, prendre mes distances. Me protéger, coûte que coûte.

Mais je sais que la fermeture ne guérit rien. Elle fige. Elle isole. Elle me coupe non seulement de l'autre, mais aussi de moi.

Alors, chaque jour, je fais le choix de rester ouverte. Pas naïve. Pas sans limites. Mais présente. Authentique. Capable de dire : « Ce que tu viens de faire me fait peur parce que ça ressemble à quelque chose que j'ai déjà vécu. Mais je veux comprendre. Je veux apprendre. Je veux rester. »

Ce choix, ce n'est pas une faiblesse. C'est un acte de courage. Le courage de croire qu'il existe un amour qui ne blesse pas. Le courage d'offrir une chance à ce qui est sain, même si ça ne ressemble pas à ce que j'ai connu. Le courage de me rééduquer à la confiance.

Oui, j'ai été blessée. Mais je refuse que ces blessures deviennent mes guides. Je les honore. Je les écoute. Puis je leur parle avec tendresse :
« C'est bon, maintenant. On est en sécurité. On peut aimer sans crainte de se perdre. On peut recevoir. On peut construire. »

Et peu à peu, je découvre qu'un amour qui ne fait pas peur, c'est possible. Qu'un amour où je peux rester ouverte sans me sentir en danger, c'est une réalité. Et que je suis capable d'y rester, sans me fuir.

Je mérite un amour qui ne me demande pas de me justifier d'exister

Je n'ai plus envie de mendier ma place. Ni de prouver, en boucle, que je suis « assez ». Assez belle, assez calme, assez simple, assez facile à aimer. Je n'ai plus envie d'éteindre certaines parties de moi pour devenir plus acceptable. Je n'ai plus envie de m'expliquer, de me faire pardonner d'être sensible, expressive, passionnée, ou même simplement présente.

Je ne suis pas une erreur à corriger. Je ne suis pas un projet à polir. Je suis une personne, entière, et je mérite d'être aimée pour ce que je suis — pas pour une version allégée de moi-même.

Un amour sain ne me fait pas sentir de trop. Il ne me met pas dans une compétition invisible avec d'autres. Il ne crée pas des doutes là où il pourrait poser des certitudes. Il ne me donne pas

L'impression de devoir gagner mon droit d'exister dans la relation.

Ce genre d'amour-là, j'en ai eu assez. Il use. Il épuise. Il détruit doucement la confiance en soi.

Aujourd'hui, je veux un amour où je respire. Où je n'ai pas peur d'être vue. Où je peux me montrer sans maquillage émotionnel, sans me demander si je vais être jugée ou rejetée. Un amour où ma voix compte. Où mes silences aussi. Un amour où je ne suis pas une option.

Et cet amour commence avec moi.

En arrêtant de me justifier intérieurement. En cessant de croire qu'il faut faire mille choses pour être choisie. En comprenant, profondément, que ma seule existence est déjà légitime. Et que la personne qui saura m'aimer le verra. Naturellement. Sans combat.

Je n'ai plus peur de poser mes limites

Longtemps, j'ai eu peur qu'en disant « non », l'autre s'en aille. Qu'en exprimant ce qui me dérange, je sois cataloguée comme difficile, trop émotive, pas assez souple. Alors je me suis tue. J'ai pris sur moi. J'ai laissé passer, pour ne pas perdre, pour ne pas froisser, pour ne pas tout gâcher.

Mais à force de silence, je me suis éloignée de moi-même. Et c'est ça, que j'ai fini par perdre : mon propre respect.

Aujourd'hui, je comprends que poser une limite n'est pas un rejet. C'est une protection. Un ancrage. Une manière de dire : « Je tiens à moi. » Et si quelqu'un voit cette limite comme une attaque, alors c'est qu'il ne tenait pas vraiment à ce que je sois bien, respectée, écoutée.

Aimer, ce n'est pas s'oublier pour ne pas contrarier. Ce n'est pas se fondre dans l'autre en espérant qu'il ne parte pas. C'est pouvoir dire :

« J'ai besoin de ça pour me sentir en sécurité. »

« Ce comportement me fait mal. »

« Je ne peux pas accepter ça. »

Et que l'autre entende, même s'il ne comprend pas tout de suite. Même si ce n'est pas confortable.

Poser mes limites, c'est me rappeler que je suis responsable de ce que je tolère. Ce n'est pas égoïste. C'est sain. C'est nécessaire. Et c'est le fondement d'un amour équilibré.

Je n'ai plus peur de perdre quelqu'un en posant une limite. J'ai bien plus peur de me perdre moi-même en ne les posant pas.

Je ne veux plus réparer les autres pour mériter l'amour

J'ai longtemps cru que pour être aimée, il fallait être utile. Sauver. Comprendre avant d'être comprise. Soigner les blessures de l'autre, même si cela me vidait peu à peu. J'attirais les cœurs abîmés, espérant que mon amour suffirait à les transformer. Et quand ils partaient — car ils partaient toujours — je restais avec le poids de leur douleur, et la mienne.

Mais aujourd'hui, je ne veux plus aimer en mode survie. Je ne suis pas une béquille. Ni une thérapie. Je ne suis pas là pour réparer des âmes qui ne veulent pas vraiment guérir. Je ne suis pas là pour me perdre en espérant qu'on me voie enfin.

Je mérite un amour où je peux déposer moi aussi mes fragilités. Où je n'ai pas à tout porter seule. Où je ne suis pas réduite à mon rôle de sauveuse.

Je veux un amour adulte. Équilibré. Où chacun prend la responsabilité de son passé, de ses traumas, de ses comportements. Je veux construire, pas colmater. Évoluer ensemble, pas tirer l'autre de force vers la lumière.

Aimer, ce n'est pas s'oublier pour réparer. C'est se rencontrer pleinement, deux êtres entiers, chacun en chemin. C'est dire : « Je t'aime pour ce que tu es, pas pour ce que je pourrais faire de toi. » Et se laisser aimer, vraiment, sans devoir mériter chaque once d'affection par l'effort ou le sacrifice.

Je ne veux plus me battre pour être assez. Je veux être choisie par quelqu'un qui voit ma lumière, même quand je ne suis pas en train de tout donner pour le sauver.

Je suis digne d'une relation équilibrée et sereine

Trop de fois, je me suis perdue dans des relations qui me tiraient dans des directions opposées. Des relations où l'incertitude était mon quotidien, où je n'étais jamais vraiment sûre de la place que j'avais dans l'autre. Des relations où le jeu de pouvoir, la manipulation émotionnelle ou les mensonges étaient masqués sous des sourires.

Mais aujourd'hui, je me rends compte que je ne dois pas faire passer l'amour avant mon bien-être. Ce n'est pas un sacrifice que de vouloir la paix dans mon cœur. Ce n'est pas un compromis que de choisir une relation où je peux respirer, m'épanouir et être moi-même sans avoir à me justifier ou à me défendre.

Je suis digne d'un amour qui me respecte. Un amour où l'on se soutient, où l'on s'écoute sans juger, où les compromis ne me laissent pas me perdre mais me permettent de grandir. Un amour

OÙ JE N'AI PAS À M'INQUIÉTER CONSTAMMENT DE L'AVENIR, CAR NOUS AVANÇONS ENSEMBLE, MAIN DANS LA MAIN, EN CONFIANCE.

JE NE VEUX PLUS D'UNE RELATION OÙ L'AMOUR ME FAIT DOUTER DE MA VALEUR. JE MÉRITE UNE RELATION SEREINE, OÙ LA COMPLICITÉ PRIME SUR LA TENSION, OÙ LA COMMUNICATION EST CLAIRE ET HONNÊTE, ET OÙ CHACUN TROUVE SA PLACE SANS AVOIR À SE SACRIFIER.

JE SUIS DIGNE DE CET AMOUR. UN AMOUR QUI NE ME DEMANDE PAS DE ME SACRIFIER POUR EXISTER, MAIS QUI ME PERMET DE M'ÉPANOUIR PLEINEMENT, AUX CÔTÉS DE L'AUTRE.

Je choisis de guérir pour aimer autrement

Aimer sans peur, c'est un apprentissage. Ce n'est pas une évidence quand tout ce que l'on a connu, ce sont des amours tourmentées, des relations toxiques, des non-dits qui s'accumulent jusqu'à étouffer la confiance. Mais je choisis aujourd'hui de guérir, pour ne plus répéter les schémas du passé.

Guérir, ce n'est pas oublier. C'est accepter. C'est reconnaître la douleur sans qu'elle ne définisse qui je suis. C'est comprendre que mes blessures ne m'empêcheront pas de recevoir un amour sain. Elles ne me feront plus me retrancher derrière des murs de protection, ni me fuir lorsque l'autre s'approche trop près.

Je choisis de me libérer de la culpabilité, de la peur, de la honte, de la honte d'aimer et d'être aimée. Parce que je mérite d'être heureuse, de vivre une relation où la confiance est la fondation, où chaque geste est empreint de bienveillance et de respect. Où il

N'Y A PAS DE PLACE POUR LA MANIPULATION, LE CONTRÔLE OU LES NON-DITS.

GUÉRIR, C'EST ME DONNER LA CHANCE D'AIMER AUTREMENT. C'EST COMPRENDRE QUE MON PASSÉ NE DICTE PAS MON AVENIR. C'EST ACCEPTER D'ÊTRE VULNÉRABLE, MAIS SANS M'ÉPUISER DANS DES JEUX DE POUVOIR.

JE CHOISIS DE GUÉRIR, NON SEULEMENT POUR MOI, MAIS AUSSI POUR L'AMOUR QUE JE MÉRITE. UN AMOUR PUR, LIBRE DE TOUT POIDS, LIBRE DE TOUTE ANGOISSE. UN AMOUR QUI N'EFFRAIE PAS, MAIS QUI LIBÈRE.

Je suis prête à aimer sereinement, dans l'instant présent

Aujourd'hui, je choisis de vivre dans l'instant. De ne plus être prisonnière des incertitudes et des échos de mon passé. Je choisis de me libérer de la peur que l'histoire se répète, de la crainte que l'amour ne soit qu'une illusion, une promesse brisée.

Je choisis de m'ouvrir pleinement à ce qui est là, devant moi, sans attente excessive ni scénario pré-écrit. Je veux aimer dans la paix, dans la confiance, en sachant que chaque moment partagé est précieux et qu'il n'y a pas besoin de chercher ailleurs ce qui est déjà devant moi : un amour sincère, respectueux et simple.

Je ne cherche plus à contrôler, à manipuler ou à fuir. Je choisis de lâcher prise, d'accepter l'autre tel qu'il est, tout en restant fidèle à moi-même. Je choisis d'être entière, non pas dans l'espoir d'être

Sauvée, mais pour partager ma lumière avec quelqu'un qui l'apprécie, et me donner le droit d'être aimée pour ce que je suis.

Je refuse que mes traumas gâchent ma relation saine, parce que j'ai décidé de les transformer en forces, en leçons, en tremplins pour une nouvelle manière d'aimer. J'ai appris que l'amour ne doit pas être une lutte. Il doit être un refuge. Un espace d'épanouissement mutuel.

Je suis prête à aimer sereinement. Et cette fois, je m'autorise à recevoir. À être aimée dans la liberté, sans m'oublier. Parce que je mérite, enfin, un amour qui ne me fait pas mal, mais qui me guérit.

Conclusion : Aimer en paix, enfin

Aujourd'hui, j'ai compris qu'aimer en paix, c'est d'abord s'aimer soi-même. C'est guérir de mes blessures passées, mais sans les laisser définir qui je suis ni la façon dont j'aimerai demain. Ce que je veux, c'est un amour où je n'ai pas peur de me perdre, où mes blessures ne sont plus des obstacles, mais des leçons qui nourrissent ma capacité à aimer autrement.

Je me permets d'être vulnérable, mais non plus à mes propres dépens. Je pose des limites, non par peur de l'autre, mais par respect pour moi-même. Je m'autorise à être aimée dans toute ma complexité, sans chercher à être quelqu'un d'autre. Et je n'accepte plus que mes anciennes peurs et mes vieux traumas viennent interférer dans ce que je construis aujourd'hui.

Je mérite un amour sain, un amour qui ne me demande pas de renoncer à qui je suis, mais qui m'encourage à m'épanouir. Je mérite un amour où je peux être pleinement moi, où je ne me sens pas obligée de réparer ou de sauver l'autre, mais où l'on s'élève ensemble.

Je choisis de croire qu'il existe une relation où tout est possible, mais où l'on se respecte, se soutient et se libère ensemble de ce qui n'est plus nécessaire. Je choisis de guérir, de grandir, et d'aimer sans crainte, en paix avec moi-même et avec l'autre.

Aujourd'hui, je me permets de vivre cet amour sain, et je refuse de le gâcher par mes doutes. Je choisis l'amour qui libère, l'amour qui guérit, l'amour qui bâtit. Je choisis cet amour. Parce que je mérite d'être aimée dans toute ma beauté, dans toute ma vérité, sans condition, sans peur, sans regret.

Je tiens à exprimer ma profonde gratitude à mon Malouh, dont le soutien, l'amour et la compréhension m'ont permis de trouver la force de me réconcilier avec moi-même et de poser les bases d'une relation saine et épanouie. Merci d'être un pilier dans mon parcours de guérison et de m'encourager à m'aimer telle que je suis. Merci de m'aimer telle que je suis. Ce livre est autant le fruit de mon cheminement personnel que de ta bienveillance. Merci du fond du cœur.